Lopetus ja teurastusmenetelmät

konkreettista runoutta

Jarmo Saarti

OmrajItraas

2023

Kuvitus ja taitto: Jarmo Saarti

Julkaisija: OmrajItraas, Kuopio

© 2023, Jarmo Saarti
Kustantaja: BoD - Books on Demand, Helsinki, Suomi
Valmistaja: BoD - Books on Demand, Norderstedt, Saksa

ISBN: 978-952-33-9303-5

Teoria

Kaikki syntyvät vapaina
    ja tasavertaisina
        arvoltaan
ja oikeuksiltaan.

Heille on
    annettu järki
ja omatunto,

ja heidän on
    toimittava toisiaan kohtaan
        veljeyden hengessä.

Älä tapa!

Syntyneellä on oikeus

elämään
  vapauteen
    koskemattomuuteen
      ja turvallisuuteen.

Ketään ei saa tuomita kuolemaan
  kiduttaa
    eikä kohdella elämää
      ja sen arvoa loukkaavasti.

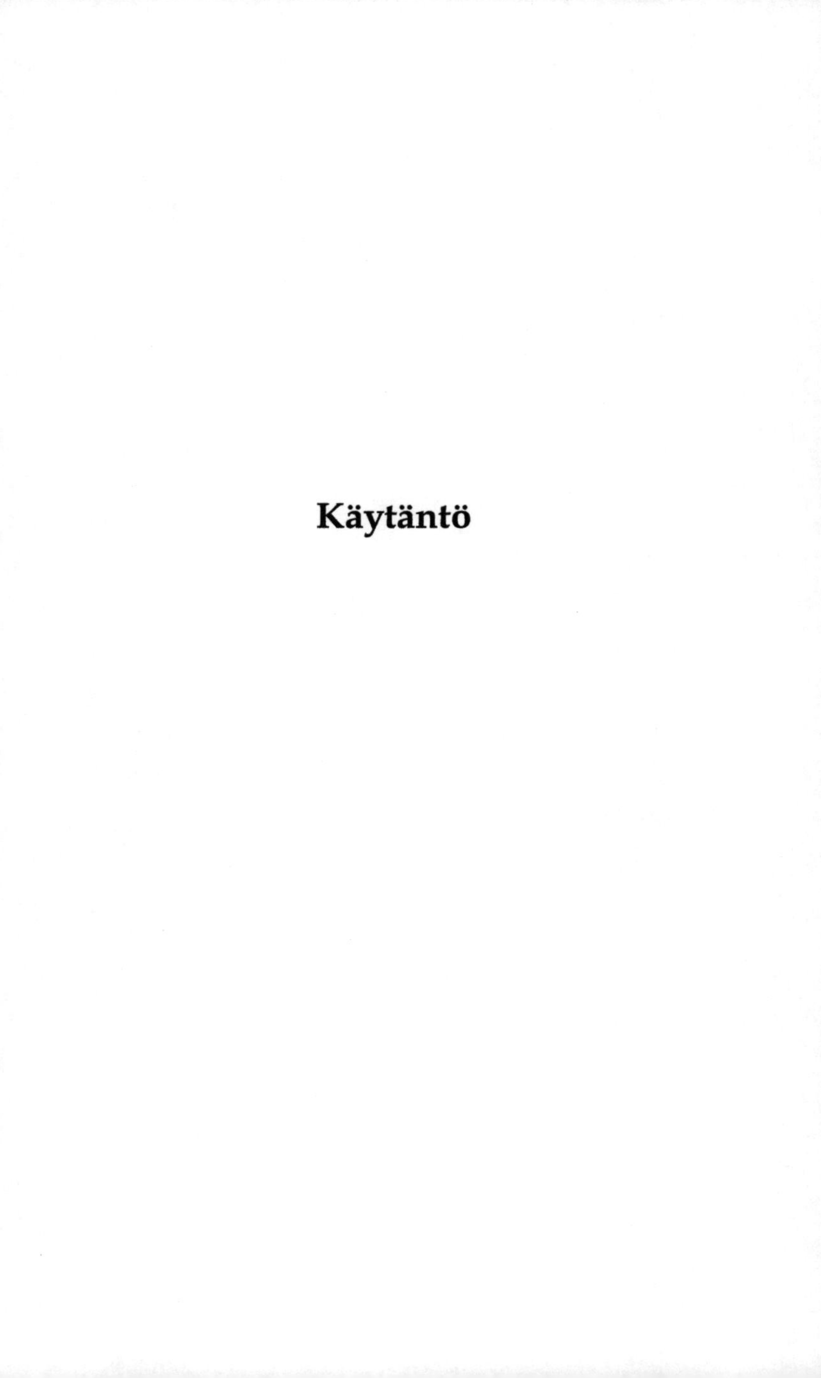

Käytäntö

Eläimiä saa lopettaa

vasta tainnuttamisen
  jälkeen

lopetusasetuksessa
  säädettyjen menetelmien

ja näiden menetelmien
  soveltamiseen liittyvien
erityisvaatimusten mukaisesti.

Tajuttomuuden
  ja tuntemiskyvyn menetyksen

on säilyttävä
  eläimen kuolemaan saakka.

Niitä menetelmiä,
  jotka eivät johda välittömään
kuolemaan,

on seurattava
  mahdollisimman pian

kuoleman varmistava menettely,

kuten verenlasku,
  puikotus,
    kuoleman aiheuttama sähkövirta
      tai pitkällinen
altistus hapettomuudelle.

Puikotuksella
  tarkoitetaan keskushermostokudoksen
ja selkäytimen vaurioittamista

kallon sisään
pistetyllä
  pitkittäisellä sauvanmuotoisella
välineellä.

Lävistävä pulttipistooli

Lävistävä pulttipistooli
  aiheuttaa iskun
ja pultin tunkeutumisen
  seurauksena vakavan
ja peruuttamattoman vaurion aivoissa.

Se on pelkkä tainnutusmenetelmä,
    joten vaatii mahdollisimman pian
kuoleman varmistavan menettelyn.

Menetelmä soveltuu teurastukseen,
  joukkolopetukseen
sekä muihin lopetuksiin.

Iskevä pulttipistooli

Iskevä pulttipistooli
aiheuttaa aivoihin
tunkeutumattoman   pultin
   iskun seurauksena vakavan vaurion
aivoissa.

Se on pelkkä tainnutusmenetelmä,
   joten vaatii mahdollisimman pian
kuoleman varmistavan menettelyn.

Menetelmää käytettäessä
 on varottava   kallon murtumista.

Siipikarjan, kanien ja jänisten
osalta menetelmä soveltuu teurastukseen,
   joukkolopetukseen
sekä muihin lopetuksiin.

Tuliase ja ammus

Tuliase ja ammus
aiheuttavat iskun
ja yhden tai useamman ammuksen
  tunkeutumisen seurauksena
vakavan ja peruuttamattoman
    vaurion aivoissa.

Menetelmä soveltuu teurastukseen,
  joukkolopetukseen
sekä muihin lopetuksiin.

Maserointi

Maserointi aiheuttaa
 kokonaisen   eläimen
välittömän murskaamisen.

Menetelmää saa käyttää ainoastaan
 enintään   72 tunnin ikäisille
                     untuvikoille
ja kuoriutumattomille munille.

Menetelmä soveltuu
  kaikkiin lopetuksiin
teurastusta lukuun ottamatta.

Laitteessa on oltava nopeasti pyörivät
mekaanisesti toimivat
  tappavat terät
    tai murskaavat
       polystyreeniset ulokkeet.

Laitteen toimintakyvyn
 on oltava sellainen,
että kaikki eläimet kuolevat   välittömästi,
vaikka niitä olisi suuri määrä.

Niskanmurto

Niskanmurto
aiheuttaa niskan manuaalisen
tai mekaanisen venytyksen
  ja väännön seurauksena
aivojen verenkierron estymisen
ja hapenpuutteen.

Menetelmää saa käyttää siipikarjalle,
jonka elopaino on enintään 5 kg.

Menetelmä soveltuu teurastukseen,
  joukkolopetukseen
sekä muihin lopetuksiin.

Niskanmurtoa ei saa käyttää
rutiinimenetelmänä.

Kukaan henkilö
ei saa lopettaa
  manuaalisella niskanmurrolla
enempää kuin   70 eläintä päivässä.

Isku päähän

Päähän annettu luja
  ja tarkka isku
aiheuttaa vakavan vaurion aivoissa.

Menetelmää
ei saa käyttää rutiinimenetelmänä,
  vaan ainoastaan silloin,
kun ei ole käytettävissä
muita tainnutusmenetelmiä.

Kukaan henkilö
  ei saa lopettaa iskulla päähän
enempää kuin   70 eläintä päivässä.

Vain päähän kohdistuva sähkötainnutus

Aivojen altistaminen sähkövirralle
aiheuttaa epileptisen kohtauksen.

Päähän kohdistuva sähkötainnutus
   on pelkkä tainnutusmenetelmä,
joka vaatii mahdollisimman pian
kuoleman varmistavan menettelyn.

Elektrodit on asetettava siten,
   että   sähkövirta
kulkee eläimen aivojen läpi,
ja mukautettava eläimen kokoon.

Sähköllä tapahtuva tainnutus, jossa
elektrodit kohdistetaan sekä päähän että
kehoon

Kehon altistaminen sähkövirralle
aiheuttaa epileptisen kohtauksen
ja sydämen kammiovärinän
  tai sydänpysähdyksen.
Teurastuksessa käytettäessä
se on pelkkä tainnutusmenetelmä
ja vaatii mahdollisimman pian
kuoleman varmistavan menettelyn.

Menetelmä soveltuu teurastukseen,
  joukkolopetukseen
sekä muihin lopetuksiin.

Ketuilla elektrodit on asetettava suuhun
        ja peräsuoleen,
ja lopetuksessa
on käytettävä sähkövirtaa
ainakin kolmen sekunnin ajan.

Sähköllä tapahtuva vesitainnutus

Eläimen altistaminen
   vesialtaassa sähkövirralle
aiheuttaa   epileptisen kohtauksen
    ja sydämen kammiovärinän
tai sydänpysähdyksen.

Menetelmä on
 pelkkä tainnutusmenetelmä,
jos taajuus on yli 50 Hz.

Sähköllä tapahtuva vesitainnutus
on lopetusmenetelmä,
jos taajuus on 50 Hz tai vähemmän

Menetelmä soveltuu teurastukseen,
  joukkolopetukseen
sekä muihin lopetuksiin.

Eläimiä ei saa ripustaa,
jos ne ovat liian pieniä
   vesitainnutusta varten
tai jos ripustaminen voi aiheuttaa

tai lisätä kipua.

Ripustuskoukkujen on oltava märät
    ennen kuin   elävät linnut ripustetaan
ja altistetaan sähkövirralle.

Linnut on ripustettava
    molemmista   jaloista.

Hiilidioksidi suurina pitoisuuksina

Käytettäessa hiilidioksidia
suurina pitoisuuksina
   tajuissaan olevat eläimet
altistetaan välittömästi
tai asteittain kaasuseokselle.

Menetelmää voidaan käyttää kuiluissa,
   tunneleissa,
     kammioissa
       tai ennalta sinetöidyissä rakennuksissa.

Menetelmä
   on pelkkä   tainnutusmenetelmä
sikoja teurastettaessa.

Siipikarjan,
näätäeläinten
ja sinsillojen osalta
   menetelmä soveltuu
muihin lopetuksiin kuin teurastukseen.

Hiilidioksidi kahdessa vaiheessa

Käytettäessä hiilidioksidia
  kahdessa vaiheessa
tajuissaan olevat eläimet
  altistetaan kaasuseokselle

ja eläinten menetettyä tajuntansa
  ne altistetaan
korkeammalle hiilidioksidipitoisuudelle
tai hapettomuudelle.

Menetelmää saa käyttää
  vain siipikarjalle
ja se soveltuu teurastukseen,
  joukkolopetukseen
sekä muihin lopetuksiin.

Hiilidioksidi yhdessä inerttien kaasujen
kanssa

Käytettäessä hiilidioksidia
yhdessä inerttien kaasujen kanssa
tajuissaan olevat eläimet
    altistetaan välittömästi
tai asteittain kaasuseokselle,
joka aiheuttaa hapettomuuden.

Menetelmää voidaan käyttää kuiluissa,
säkeissä, tunneleissa, kammioissa
tai ennalta sinetöidyissä rakennuksissa.

Menetelmä soveltuu teurastukseen,
    lopetukseen
sekä muihin lopetuksiin.

Inertit kaasut

Käytettäessä inerttejä kaasuja

tajuissaan olevat eläimet
  altistetaan välittömästi
    tai asteittain inertille kaasuseokselle,
mikä johtaa hapettomuuteen.

Menetelmää voidaan käyttää
  kuiluissa,
    säkeissä,
      tunneleissa,
      kammioissa
tai ennalta sinetöidyissä rakennuksissa.

Menetelmää saa käyttää sioille
ja siipikarjalle.

Menetelmä soveltuu teurastukseen,
  joukkolopetukseen
    sekä muihin lopetuksiin.

Hiilimonoksidi (puhdas lähde)

Käytettäessä hiilimonoksidia
tajuissaan olevat eläimet
    altistetaan   kaasuseokselle.
Menetelmä soveltuu
  muihin lopetuksiin
kuin teurastukseen.

Eläimiä
  on koko ajan valvottava
silmämääräisesti.
Eläimet on
käsiteltävä yksitellen
  ja on varmistettava,
että edellinen eläin
on tajuton
tai kuollut
ennen kuin seuraava otetaan
käsiteltäväksi.

Eläimet on pidettävä kammiossa
kunnes ne ovat   kuolleet.

Hiilimonoksidi muiden kaasujen kanssa

Käytettäessä hiilimonoksidia
muiden kaasujen kanssa
  tajuissaan olevat eläimet
altistetaan   kaasuseokselle
yhdessä muiden
  myrkyllisten   kaasujen kanssa.

Menetelmää
saa käyttää
  turkiseläimille,
    siipikarjalle
      ja porsaille.
Menetelmä soveltuu
muihin lopetuksiin
kuin teurastukseen.

Eläimiä
on koko ajan
valvottava silmämääräisesti.
Eläimet
  on käsiteltävä yksitellen
ja on varmistettava,

että edellinen eläin on
  tajuton
    tai kuollut
ennen kuin
    seuraava otetaan käsiteltäväksi.
Eläimet
  on pidettävä kammiossa
    kunnes ne ovat kuolleet.
Eläimet
  saa sijoittaa
    kammioon vasta sitten,
      kun hiilimonoksidin
vähimmäispitoisuus
      on saavutettu.

Kaasua,
joka on tuotettu
  erityisesti
eläinten lopetukseen
    mukautetulla moottorilla,
voidaan käyttää,
  jos lopetuksesta vastaava
henkilö on aikaisemmin
  varmistanut, että:

se on jäähdytetty asianmukaisesti
	se on suodatettu riittävästi
	siitä on poistettu kaikki
		ärsyttävät aineet tai kaasut

Moottoria on testattava
	vuosittain
ennen eläinten lopetusta.

Ilmanpaineen alentamiseen perustuva
tainnutus

Tajuissaan olevien eläinten
altistaminen
asteittaiselle ilmanpaineen alentamiselle
  ja saatavilla olevan
hapen vähentämiselle
  alle viiteen prosenttiin.

Menetelmää saa käyttää broilereille,
joiden elopaino on enintään 4 kg.

Menetelmä soveltuu teurastukseen,
  joukkolopetukseen
sekä muihin lopetuksiin.

Ensimmäisessä vaiheessa
ilmanpaineen alenemisnopeus
  ei saa olla suurempi
kuin paineen aleneminen
      760 torrin
normaalista ilmanpaineesta
merenpinnan tasolla

250 torriin vähintään
50 sekunnin aikana.

Paine-aikakäyrää
on mukautettava
sen varmistamiseksi,
  että kaikki eläimet
taintuvat pysyvästi
  syklin keston aikana.

Kuolettava ruiske

Eläinlääkettä
  sisältävä   ruiske
aiheuttaa tajunnan
  ja tuntemiskyvyn menetyksen
    ja sitä seuraavan kuoleman.

Menetelmä soveltuu
  muihin lopetuksiin
kuin teurastukseen.

Kaulan katkaisu

Lopetusasetusta ei sovelleta silloin,
kun omistaja teurastaa
   siipikarjaa,
      kaneja
         ja jäniksiä
teurastamon ulkopuolella
omaan kulutukseensa yksityistaloudessa.

Tällöin sovelletaan
   pelkästään kansallista
      lainsäädäntöä.

Kansallisesti on säädetty,
että siipikarjaan kuuluva eläin,
sileälastaisia lintuja
         kuten strutsi, emu
      ja nandu lukuun ottamatta,

saadaan teurastaa
   katkaisemalla kaula
nopeasti
terävällä aseella,

jos eläimen omistaja
   teurastaa eläimen
teurastamon ulkopuolella
   omaan   kulutukseensa
yksityistaloudessa.

Lähteet

Lopetus- ja teurastusmenetelmät.
https://www.ruokavirasto.fi/elaimet/elainten-
hyvinvointi/elainsuojelu-teurastuksessa-ja-
lopetuksessa/tuotantoelainten-lopetus-ja-
teurastus/lopetus--ja-teurastusmenetelmat/

Raamattu

Suomen laki

YK:n ihmisoikeuksien yleismaailmallinen julistus